레이철, 잘 날아야 해!

웅진 주니어

책마을 인물이야기 2 - 레이철 카슨
레이철, 잘 날아야 해!

초판1쇄 발행 2012년 9월 30일 | 초판3쇄 발행 2020년 8월 19일
글 이경혜 | 그림 서영아
발행인 이재진 | 도서개발실장 조현경 | 편집 이해선 | 디자인 하늘·민
마케팅 이현은, 정지운, 양윤석, 김미정 | 제작 신홍섭
펴낸곳 (주)웅진씽크빅 | 주소 경기도 파주시 회동길 20 (우)10881
주문전화 02)3670-1191, 031)956-7325, 7065 | 팩스 031)949-0817 | 내용문의 031)956-7402
홈페이지 wjbooks.co.kr/WJBooks/Junior | 블로그 wj_junior.blog.me | 페이스북 facebook.com/wjbook
트위터 @wjbooks | 인스타그램 @woongjin_junior
출판신고 1980년 3월 29일 제 406-2007-00046호 | 제조국 대한민국

ISBN 978-89-01-15085-7 77990 · 978-89-01-14495-5(세트)
ⓒ이경혜, 서영아 2012

웅진주니어는 (주)웅진씽크빅의 유아·아동·청소년 도서 브랜드입니다.
이 책은 저작권법에 따라 보호를 받는 저작물이므로 무단전재와 무단복제를 금지하며,
이 책 내용의 전부 또는 일부를 이용하려면 반드시 저작권자와 (주)웅진씽크빅의 서면동의를 받아야 합니다.
이 도서의 국립중앙도서관 출판예정도서목록(CIP)은 서지정보유통지원시스템(http://seoji.nl.go.kr)과 국가자료종합목록시스템(http://www.nl.go.kr/kolisnet)에서 이용하실 수 있습니다. (CIP: 2012004278)

잘못 만들어진 책은 바꾸어 드립니다.
※주의1_책 모서리가 날카로워 다칠 수 있으니 사람을 향해 던지거나 떨어뜨리지 마십시오.
　　 2_보관 시 직사광선이나 습기 찬 곳은 피해 주십시오.
웅진주니어는 환경을 위해 콩기름 잉크를 사용합니다.

레이철, 잘 날아야 해!

글 이경혜 · 그림 서영아

웅진주니어

차례

1. 혼자 놀기 좋아하는 아이 ······ 8

2. 공부가 즐거운 학생 ······ 16

3. 바다로 이어지는 길 ······ 20

4. 과학자이자 작가인 레이철 ······ 24

5. 〈우리를 둘러싼 바다〉의 탄생 ······ 30

6. 드디어 바닷가에서 살다 ······ 44

7. 죽음의 화학 물질 DDT ······ 52

8. 〈침묵의 봄〉 ······ 62

"레이철, 잘 날아야 해!"

누군가의 외침과 함께 어린 송골매 한 마리가 하늘로 날아올랐어요.
다른 두 마리의 송골매도 레이철과 함께 힘차게 날아올랐지요.
송골매들은 먼 하늘의 점으로만 보이다 마침내 사라졌습니다.
1979년 어느 날, 미국 워싱턴의 한 건물 지붕 위에서 벌어진 광경입니다.
과학자들이 어린 송골매 세 마리를 데려와 하늘로 날려 보낸 거예요.

송골매 레이철의 이름은 바로 해양 생물학자 레이철 카슨의
이름에서 따온 것이랍니다. 도대체 레이철 카슨이 어떤 사람이기에
하필 송골매한테 그 이름을 붙이게 된 걸까요?
자, 그럼 지금부터 두 레이철이 어떻게 이어지는지에 대한 이야기를
시작해 보겠습니다.

1. 혼자 놀기 좋아하는 아이

"예쁜 인형의 집이 있었어요. 인형이 산책을 나가자 쥐 두 마리가 그리로 쏙 들어갔죠."
단발머리의 한 소녀가 농장의 풀밭에서 강아지에게 책을 읽어 주고 있어요. 이 소녀가 바로 레이철 카슨이에요. 그 옆에는 귀여운 강아지 캔디가 다소곳이 듣고 있어요.
"어때? 재미있지? 포터 아줌마 얘기는 정말 최고야. 점점 더 재미있어지니까 잘 들어 봐!"

레이철은 얌전히 얘기를 듣고 있는 캔디의 머리를
쓰다듬어 주며 말해요.
포터 아줌마란 비어트릭스 포터란 작가예요. 〈피터 래빗
이야기〉를 비롯한 작은 동물들의 이야기를 주로 그려 낸
작가랍니다. 또 다른 강아지 팻은 레이철이 책을 읽어
주려 하면 언제나 달아나 버렸어요.
팻은 가만히 앉아 이야기를 듣는 것보다는 새나 고양이를
쫓아다니길 훨씬 좋아했지요. 하지만 고양이는 귀찮은
팻을 피해 조용한 구석으로 슬그머니 들어가 버렸고,
새는 나무 꼭대기에 앉아 짖어 대는 팻을
오히려 놀려 주곤 했답니다.

오빠랑 언니는 학교에 다니고, 엄마와 아빠는 일하느라 바빴기 때문에
레이철은 하루 종일 혼자 놀아야 했어요. 하지만 레이철은 조금도 심심한
줄 몰랐어요. 집이 농장이었기 때문에 구석구석 재미난 곳이 아주
많은데다 강아지와 고양이도 여섯 마리나 되었거든요. 거기다 들판에는
온갖 벌레와 새들이 있었고, 개울에는 작은 물고기들이 반짝거리며
헤엄을 쳤고, 숲에 들어가면 귀여운 토끼와 다람쥐를 볼 수 있었으니까요.
또한 누구보다 자연을 사랑하는 엄마는 바쁘지 않을 때면 언제나
레이철의 친구와 선생님이 되어 주었어요.

엄마는 레이철에게 꽃과 풀 이름, 새와 짐승들의 이름을 알려 주고,
관찰하는 법도 가르쳐 주었지요. 하지만 그럴 때면 엄마는
꼭 다짐을 주었습니다.
"함부로 꽃이나 풀을 꺾으면 절대 안 된단다. 돌 하나도
집었다가는 제자리에 꼭 다시 놓아야 해."
엄마는 청소를 하다가 거미가 나와도 빗자루로 살살 밀어
밖으로 보내 주곤 했어요. 그런 엄마를 보며 자란 레이철은
꽃과 풀과 벌레 등 숲의 모든 것을 사랑하며, 언제나 소중하고
조심스레 다루었습니다.

숲에는 다른 보물도 많았어요. 매미가 살짝 빠져나간 허물도 있었고, 뱀이 벗어 버린 껍질도 있었지요. 새들이 떨어뜨린 화려한 깃털도 있었고, 반짝반짝 빛나는 돌도 있었고요. 그런가 하면 소라나 조개 화석을 줍는 일도 있었어요. 레이철이 사는 스프링데일은 바다에서 멀리 떨어진 곳인데도 말입니다.
"엄마, 조개는 바다에 살잖아? 그런데 어떻게 여기에 있어?"
레이철이 물으면 엄마는 금방 대답을 해 주었어요.
"그건 말이야, 아주아주 오랜 옛날에는 이곳이 바다였기 때문이란다."
엄마는 모르는 것이 없었어요. 들판과 숲만 있는 이곳이 아주아주 오랜 옛날에는 바다였다는 사실까지 알고 있잖아요. 레이철은 그런 엄마가 몹시 자랑스러웠어요.
"엄마는 어떻게 그런 것까지 알아? 누가 가르쳐 줬어?"
레이철의 물음에 엄마는 빙긋이 웃으며 대답했어요.
"그런 건 책에 다 나와 있거든."
그러니 엄마는 책을 좋아할 수밖에 없었지요. 레이철도 책을 좋아했어요. 학교에 다니기 전부터 레이철은 책을 읽었어요. 두 살 때부터 엄마가 늘 책을 읽어 주었기 때문에 어느새 자기도 모르게 글자를 읽게 된 거예요. 레이철에게 책은 또 하나의 소중한 친구였지요.

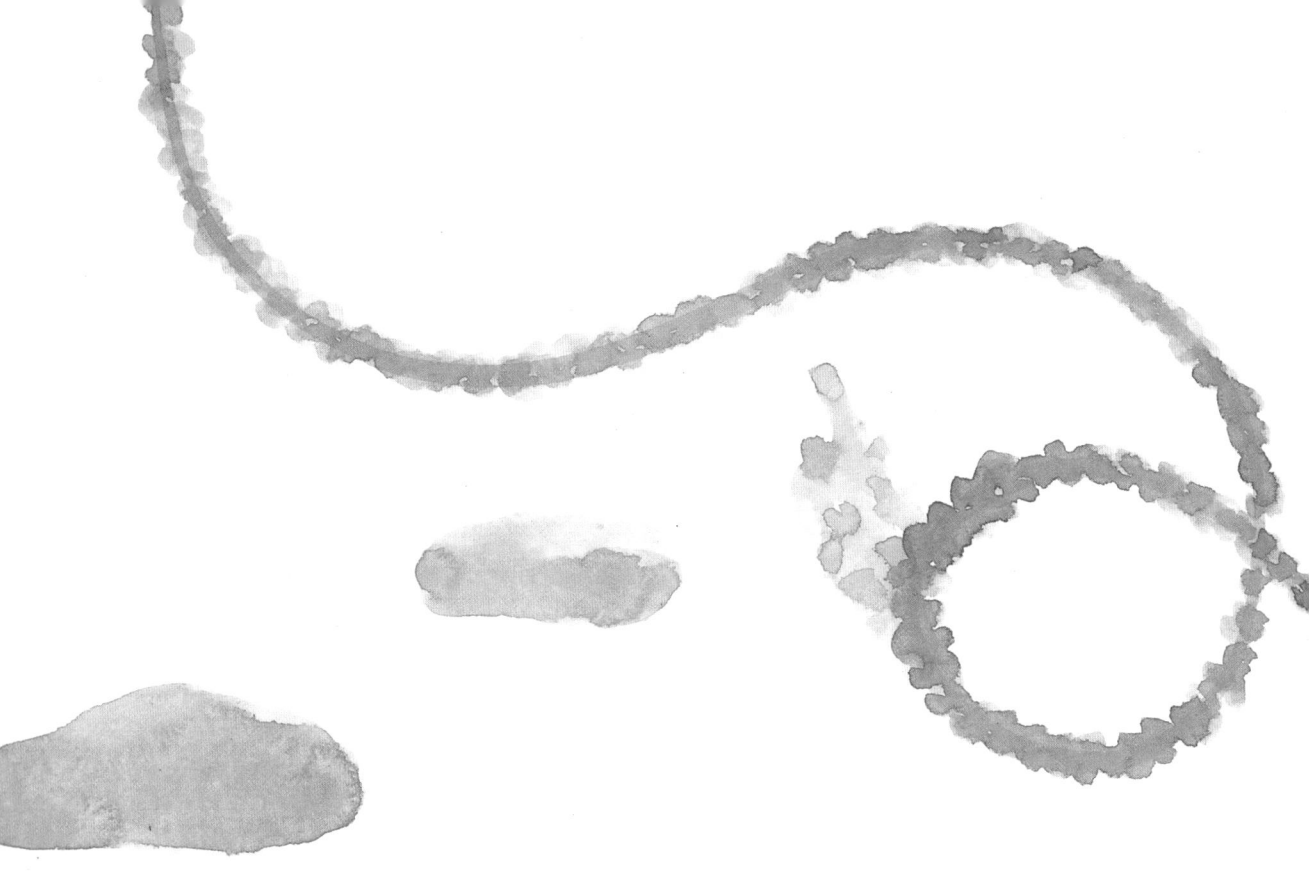

학교에 다니게 되자 레이철은 공부도 잘하게 되었어요. 학교에서는 그동안 책에서 읽은 것들을 가르쳤으니까요. 하지만 레이철은 부끄럼을 많이 타서 친구를 잘 사귀지는 못했어요. 그래서 여전히 혼자 지내야 했지요.
언니까지 결혼을 해서 집을 떠나자 심심해진 레이철은 아예 직접 글을 쓰기 시작했어요. 전쟁터에 간 오빠가 편지로 들려준 '용감한 조종사' 이야기도 글로 써 보았어요. 어떤 캐나다 조종사가 동료와 함께 전투에 나갔는데, 그만 독일 군인이 쏜 총에 비행기의 한쪽 날개 끝이 떨어져 나갔대요. 그래서 비행기가 마구 흔들리자 조종사가 비행기의 추락을 막으려고 용기를 낸 이야기였어요.

조종사는 비행기에서 나와 조심조심 남아 있는 날개 위를 기어갔어요.
마침내 날개 끝에 닿자 조종사의 몸무게로 비행기가 균형이 잡혀 흔들리지
않게 되었어요. 이 모습을 본 독일군도 조종사의 용감한 행동에 감탄하여
총을 쏘지 않았다고 합니다. 그 조종사는 몇 달 전 훈련소에서 세상을 떠났습니다.
나는 우리 군대가 아주 소중한 군인 한 명을 잃었다고 생각합니다.

레이철은 그 글을 잡지사에 보냈는데, 뽑혀서 상금을 받았어요. 어린 레이철이 작가로서 첫 성공을 거둔 거예요! 처음 발표한 글이 '용기'에 대한 글이란 것도 재미있지요? 조용하고 가냘픈 레이철이지만 훗날 어떤 두려운 것에도 굴하지 않는 용기 있는 여성이 되니까 말이에요.

2. 공부가 즐거운 학생

총명하고 재능 넘치는 레이철을 보고 엄마는 어떻게든 공부를 계속
시키려고 마음먹었어요.
"레이철, 넌 영리하고 글도 잘 쓰니까 꼭 훌륭한 작가가 되어라. 엄마가
밀어줄 테니까."
하지만 어려운 집안 형편에 공부를 계속하기는 참으로 힘든 일이었어요.
레이철은 넓고 아름다운 농장에서 행복하게 자랐지만 농장에서 나오는 건
식구들이 겨우 먹고살 정도였어요. 그렇지만 엄마의 강력한 지지와 격려
덕분에 레이철은 공부를 계속할 수 있었어요. 엄마는 아끼던 도자기까지
내다 팔아 학비에 보탰지요. 레이철은 그런 사정을 잘 알기에 온 힘을
다해 공부했어요. 레이철은 전 과목에서 최우수 학생이 되어
펜실베이니아 여자 대학에 장학금을 받고 입학했어요. 당시 여자로서는
아주 드문 길을, 그것도 가난한 환경을 뚫고 해낸 것이었지요.

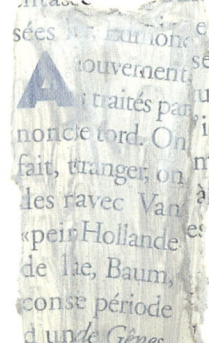

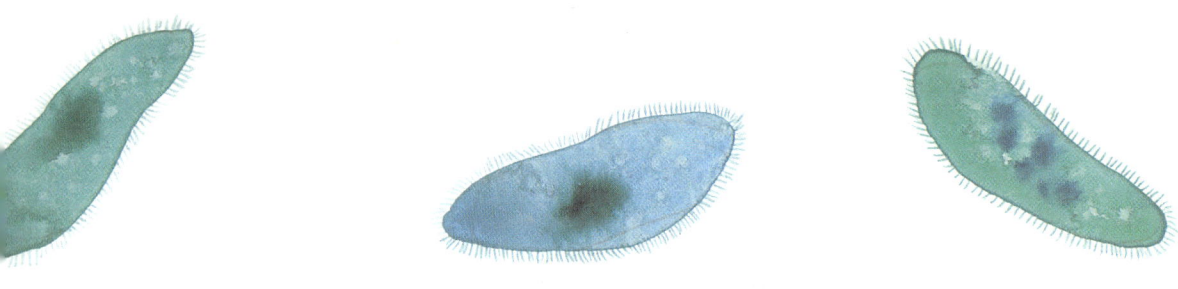

레이철은 작가가 되기 위해 영문과에 들어갔어요. 그런데 대학에서 교양 과목으로 생물학 강의를 듣다가 살아 있는 생명을 다루는 그 세계에 홀딱 빠져 버리고 말았어요. 어린 시절 농장과 숲을 헤매며 살아 있는 모든 것에 깊은 사랑을 품게 된 아이가 바로 레이철이잖아요? 그랬으니 그 공부가 신 나고 재미있을 수밖에 없었지요. 결국 레이철은 영문학에서 생물학으로 전공을 바꿉니다.

생물학 공부를 시작하자 레이철은 물 만난 고기처럼 신이 났어요. 현미경을 통해 아주 작은 생물까지 살펴볼 수 있는 것도 참 즐거웠습니다.

"어제는 플라나리아를 관찰했는데 정말 귀여웠어. 다음 주엔 짚신벌레를 관찰할 거야."

레이철이 들떠서 기숙사 방 친구에게 말하자 친구는 떨떠름한 얼굴로 말했어요.

"짚신벌레? 아휴, 나 같으면 그런 거 쳐다보기도 싫겠다!"

"네가 몰라서 그래. 짚신벌레가 얼마나 예쁜데! 아주 작은 신발같이 생겼어."

그래도 친구의 표정이 변하지 않자 레이철이 마지못해 말했어요.

"하긴 냄새가 좀 안 좋긴 해."

하지만 레이철은 다시 덧붙였죠.

"그렇지만 정말 예뻐! 네가 꼭 봐야 하는데!"

3. 바다로 이어지는 길

비바람이 몰아치는 밤이었어요.
레이철은 바다를 노래한 시를 읽다가 가만히 눈을 감았어요. 감은 눈 위로 푸르고 넓은 바다가 나타났어요. 레이철은 그때까지 바다에 가 본 적이 없었지만 어렸을 때부터 이상하게도 바다에 마음이 끌렸어요. 바다라는 말만 들어도 가슴이 설레었지요.
"세찬 바람이 바다를 향해 달려가네."
눈을 감은 채 방금 읽은 시의 한 구절을 외워 보니 바다가 몸속에서 출렁이는 것만 같았어요. 창밖에서 들리는 빗소리도 파도 소리처럼 들렸지요.

"나도 바람을 따라 바다로 떠나네."
나머지 구절까지 외우자 당장이라도 바다로 달려가고 싶은 충동이 일었어요.
"그래, 내 길은 바다에 있어. 내 운명은 바다와 이어져 있나 봐."
레이철은 혼자 그렇게 중얼거렸습니다.
레이철의 그런 느낌은 헛된 것이 아니었어요. 대학을 졸업하자 바닷가에 있는 우즈 홀 해양 생물 연구소에서 공부할 수 있는 기회가 생겼어요. 레이철은 기차를 타고 가면서 두근거리는 마음을 누르기가 힘들었어요. 마음껏 연구를 하는 것도 기대가 되었지만 무엇보다도 그리워하던 바다를 처음 보게 되는 것이니까요!

드디어 레이첼은 바다 앞에 섰어요. 그렇게도 꿈꾸고 사랑해 온 바다
앞에서 레이첼은 두 눈을 크게 뜬 채 서 있었지요. 그곳은 땅끝이 바다
쪽으로 초승달처럼 둥글게 휘어 있는 곳이었어요. 그 앞으로 푸른 바다가
끝없이 펼쳐져 있었고요. 바다는 상상했던 것보다 훨씬 커다랬어요.
레이첼은 그 커다란 바다 앞에서 인간이 얼마나 작은 동물인지를
새삼 깨달았지요. 바다는 상상했던 것보다도 훨씬 아름다웠어요.
그 아름다움은 지금까지 세상에서 만난 어떤 것과도 다른
아름다움이었어요.

레이철의 두 눈에서 저절로 눈물이 흘러내렸어요. 레이철은 바다와
자신이 한 몸이 되는 것을 느꼈어요. 철썩철썩 몰아치는 파도 소리는
심장이 뛰는 소리 같았지요. 그렇게 바다를 바라보며 서 있자니
레이철은 자기 자신이 사라지는 느낌까지 들었어요. 저 커다란 바다의
작은 물방울이 된 것만 같았지요. 저 바닷속에 자신이 사랑하는 수많은
생명이 있다는 생각에 가슴이 벅차올랐어요. 그곳에서 지낸 6주는
레이철에게 잊지 못할 행복한 시간이었습니다. 바다와 레이철은
끊임없이 출렁이며 그렇게 이어졌어요.

4. 과학자이자 작가인 레이철

공부를 마친 레이철은 바다와 물고기에 대해 조사하고 연구하는 어업국의 공무원이 되었어요. 레이철은 이곳에서 해양 생물에 대한 책을 내는 일을 맡았습니다. 밤새워 정성 들여 쓴 원고를 레이철은 뿌듯한 마음으로 상사인 히긴스 씨에게 내밀었어요. 히긴스 씨는 천천히 원고를 읽었지요. 온 정성을 다해 쓴 원고라 레이철은 큰 칭찬을 기대했어요. 그런데 히긴스 씨의 말은 너무나 뜻밖이었습니다.
"레이철 씨, 이 글은 이번 책에 실을 수 없겠어요."
레이철은 얼굴이 붉어진 채 어쩔 줄 모르고 서 있었어요. 밤새워 애쓴 글이 휴지 조각이 되는 순간이었지요. 그러나 히긴스 씨의 다음 말은 더욱 뜻밖이었어요.
"이 글이 나쁘다는 말이 아닙니다. 오히려 몹시 문학적이고 훌륭해서 어업국에서 내는 책에는 어울리지 않는다는 뜻이에요. 이 글을 '월간 대서양'에 보내 보는 게 어떻겠어요?"
'월간 대서양'은 바다에 대한 글을 싣는 유명한 잡지였어요. 레이철의 뺨은 더욱 붉어졌지만 이번에는 부끄러움이 아닌 자랑스러움 때문이었습니다.

레이철은 히긴스 씨의 충고대로 '월간 대서양'에 글을 보냈어요. 그런데 정말로 잡지사에서 글을 싣겠다는 연락이 왔어요. 이 일은 작은 일 같지만 레이철의 인생에서 중요한 실마리가 되었습니다. 무엇보다도 이 글로 인해 레이철은 책을 내자는 권유를 받게 되었으니까요. 레이철은 용기를 내어 첫 책을 쓰기 시작했어요. 레이철은 바다를 주인공 삼아 이야기처럼 재미있게 읽힐 수 있는 과학책을 쓰고 싶었어요. 바다와 바다에 사는 모든 생명체에 대해 다른 사람들에게 알리고 싶었거든요.

그렇게 쓴 책이 바로 〈바닷바람 아래서〉라는 책입니다. 이 책으로 레이철은 어린 시절부터 품었던 작가의 꿈을 이루게 되었고, 과학자로서도 더욱 인정을 받게 되었습니다. 두 가지의 꿈이 행복하게 다 이루어지게 된 것이지요. 이 책은 아주 좋은 평가를 받았습니다.
"한 글자도 버릴 게 없는 책이다."
"앞으로 10년 동안 이보다 훌륭한 책은 나올 수 없을 것이다."
이렇게 많은 칭찬이 쏟아졌어요.

그러나 책이 나오고 얼마 안 있어 2차 세계 대전이 터졌어요. 그 바람에 그 책은 잊혀지고 말았습니다. 그래도 레이철은 그 책으로 많은 과학자의 지지를 받게 되었어요. 그때까지 과학자들은 어려운 과학 지식을 보통 사람들에게 쉽게 전달하는 일에 대해 조금도 관심이 없었거든요. 그랬기 때문에 레이철의 책은 그런 과학자들을 놀라게 하고, 반성하게 했지요. 많은 과학자를 알게 된 일도 나중에 레이철이 보다 본격적인 과학책들을 쓰면서 사실을 확인하고, 자료를 모으는 데 큰 도움이 되었답니다.
레이철은 어업국에서 일하면서 자연 보호에 관한 작은 책들을 많이 만들어 냈어요.
"내가 꼭 작은 출판사 사장 같아."
레이철은 가끔 그런 말을 하며 즐거워했어요. 그 일을 하면서 글 쓰는 일에 대해서도 많은 것을 배웠습니다. 그러나 그런 책들은 아무리 정성껏 만들어도 어디까지나 정해진 내용을 써야 하는 글이잖아요? 레이철은 작가로서 자신이 하고 싶은 말을 마음대로 쓰고 싶었어요. 그래서 다시금 한 권의 책을 쓰기 시작했는데, 그것이 바로 나중에 레이철의 이름을 널리 알리게 될 〈우리를 둘러싼 바다〉란 책이랍니다.

5. 〈우리를 둘러싼 바다〉의 탄생

레이철은 작가이기 전에 과학자였기 때문에 이 책을 단순히 아름다운 문장이나 감동적인 느낌만으로 쓸 수는 없었어요. 무엇보다 확실한 정보가 필요했고, 자신의 지식에 대한 확인이 필요했어요. 레이철은 일하면서도 열심히 바다에 관한 최신 정보들을 모았고, 도서관의 책들도 수없이 참고했어요. 그러고도 틈만 나면 바닷가로 나가 직접 조사를 하였지요.
레이철의 고등학교 졸업 앨범 사진 옆에는 친구가 써 준 시가 있는데, 예나 지금이나 조금도 달라지지 않은 레이철의 모습이 엿보여 재미있습니다.

레이철은 한낮의 태양처럼 늘 아주 명랑하고,
무엇이든 완전히 이해할 때까지는
공부를 그만두는 법이 없다.

밝고 명랑한 소녀지만 궁금한 것에 대해서는 끝까지 파고드는, 눈이 초롱초롱한 여학생이 떠오르지요? 이런 레이철의 자세는 죽을 때까지 변하지 않았습니다. 레이철의 손을 거쳐 책에 실리는 글은 한 줄도 확인을 거치지 않은 것이 없었어요. 이런 레이철이었으니 바닷가만 맴돌며 조사를 하는 것에 답답함을 느껴서 마침내 바닷속 탐사에 도전하게 된답니다.

플로리다 앞바다로 배를 타고 나온 레이철은 가슴이 마구 뛰었어요.
그렇게도 오랫동안 공부해 온 바닷속, 이론적으로는 누구보다 많이
알지만 실제로 그 바다로 들어가는 일은 처음 해 보는 것이었으니까요.
드디어 레이철은 철제 헬멧을 머리에 쓰고 발에는 무거운 납덩이를 단 채
바다 밑으로 들어갔어요. 당시만 해도 장비가 어설퍼서 바닷속에 오래
머무르는 건 위험한 일이었어요. 헬멧을 쓰고 있었지만 머릿속으로는
귀청이 떨어지게 쾅쾅 두들겨 대는 소리가 들려와서 몹시 괴로웠죠.
하지만 바닷속은 그 고통을 잊을 만큼 황홀한 세상이었어요. 땅 위의
세상과는 전혀 다른 세상! 알록달록한 물고기들과 화려한 산호초 빛깔이
레이철을 사로잡았어요.
'아, 세상 사람들이 모두 이 광경을 볼 수 있다면 얼마나 좋을까!'

그런가 하면 레이철은 깊은 바다를 연구하기 위해 만들어진
연구선 앨버트로스 호를 타고 떠나는 탐사 여행에도 참가하기로 했어요.
하지만 선원들의 반대에 부딪혔지요.
"안 됩니다. 여자가 배에 타면 재수가 없다고요."
하지만 레이철이 이런 기회를 놓칠 리가 없죠. 깊은 바다는 이런
연구선을 타고 조사하지 않는 한 알아낼 길이 없으니까요. 또 그것은
어업국 직원으로서 물고기가 줄어드는 원인에 대해 보고를 해야 하는
일과도 겹쳐져 있었어요.
"저는 이 배를 꼭 타야 합니다. 직접 나가 조사를 해야만 물고기가
줄어드는 원인을 제대로 조사할 수 있습니다. 그래야만 해결책도 찾아낼
수 있을 거고요."
레이철이 열성적으로 말하자 선장과 선원들도 더 이상 할 말이 없었어요.
레이철은 자신의 출판 대리인이며 친구인 마리까지도 함께 탈 수 있게
허락을 얻어 냈습니다.

"어머, 저것 좀 봐. 세상에, 저렇게 새처럼 나는 물고기가 다 있어?"
마리는 바다에서 가장 흔히 보이는 날치만 보고도 감탄했어요.
"그래, 저게 날치야. 날치는 한번에 400미터까지 날기도 해. 정말 새처럼 날지?"
돌고래들은 배를 보면 다가와 펄쩍펄쩍 뛰어올랐어요.
"돌고래들은 장난꾸러기야. 쟤네들은 배를 친구로 생각하는 것 같아."
레이철의 설명에 마리는 마냥 신기해했습니다.

큰 바다 한가운데로 나간다는 건 해변에서만 바다를 보아 온 레이철에게 전혀 다른 경험이었어요. 누가 지구라는 이름을 붙였을까요? 지구라는 말뜻은 흙의 행성이란 말입니다. 인간은 자기들이 흙에 발붙이고 사니까 그런 이름을 붙여 놓은 것이에요. 하지만 망망대해 한가운데에 서 보면 지구가 물의 행성이라는 것을 두 눈으로 확인할 수 있지요. 지구는 4분의 3이 물로 뒤덮인 행성입니다. 우주에서 신의 눈으로 바라본다면 지구는 찰랑거리는 푸른 물로 가득한 아름다운 행성일 거예요.

열흘간의 탐사 여행은 레이철에게 결코 잊을 수 없는 경험이 되었어요. 그중에서도 레이철의 마음을 가장 사로잡은 것은 날마다 끌어 올려지는 그물이었습니다.
"저건 빨판상어야. 저 빨판으로 어디든 달라붙어."
"저건 곰치야. 아주 오래된 물고기지."
레이철은 그물이 쏟아 내는 것들을 보며 마리에게 설명을 해 주었지만 그중에는 책에도 없는 새로운 물고기와 처음 보는 여러 가지 다른 생물도 많았어요. 레이철은 자신이 사랑하는 바다가 품고 있는 수많은 생명체를 보며 가슴이 벅차올랐지요. 최초의 생명이 탄생한 바다는 정말로 우리 모두의 어머니였어요. 그것을 이해하기 위하여 레이철은 새로운 생물을 볼 때마다 꼼꼼히 그림으로 그려 놓고, 현미경으로 관찰해 기록을 남겨 놓았습니다.

그런가 하면 이 배가 갖추고 있는 최신 설비는 레이첼에게 새롭고 다른 세계도 열어 주었어요. 그것은 바로 소리의 세계였어요.
"휘휘휘~ 삐삐삐~."
레이첼은 음향 기계에서 나오는 소리에 귀를 기울였어요. 몇 십 미터 때로는 몇 백 미터까지 물고기들은 엄청나게 큰 무리를 이루어 나아가지만 목소리가 없기 때문에 아무 소리도 들리지 않지요. 하지만 그것은 어디까지나 인간의 귀에만 그런 것입니다. 사람이 못 듣는다고 물고기들이 조용한 것은 아니랍니다. 물고기의 소리를 들을 수 있게 만든 기계를 통하면 물고기들의 시끄러운 소리가 배 안으로 왈칵 쏟아지지요.
"알고 보면 물고기들도 엄청난 수다쟁이들이야!"
레이첼의 말에 마리가 웃음을 터뜨렸어요. 레이첼이 이 항해에서 맛본 감동은 고스란히 〈우리를 둘러싼 바다〉 속에 깃들게 된답니다.

드디어 책이 나왔어요. '나는 사실 이 책에 대해 평생 동안 연구해 온 셈이다. 실제로 책을 쓰는 데는 3년밖에 걸리지 않았지만.'이라고 레이철이 말했듯이 이 책에는 그때까지 사람들이 바다에 대해 조사하고, 연구해 알아낸 모든 것이 쉽고도 아름다운 글로 가득 들어 있었어요. 〈우리를 둘러싼 바다〉는 나오자마자 큰 인기를 끌어서 베스트셀러가 되었어요. 사람들은 과학과 시의 결합이라며 많은 칭찬을 보냈지요. 하지만 이런 칭찬에 대해 레이철은 이렇게 말할 뿐이었어요.
"제 책에 시가 들어 있다면, 그것은 바다에 원래 시가 들어 있기 때문입니다."

이 책은 자연과 바다에 대한 사람들의 생각도 뒤흔들어 놓았지만 무엇보다 레이철의 삶을 바꿔 놓았어요. 언제나 혼자 있기 좋아하고, 조용히 책을 읽고, 글을 쓰고, 바닷가를 탐사하러 다니기 좋아하는 이 가냘픈 한 여자의 삶은 지진이 일어난 듯 바뀌고 말았습니다. 〈우리를 둘러싼 바다〉는 여기저기서 많은 상을 받았어요. 끝없는 강연 요청도 들어왔고요. 레이철은 조용한 자신의 생활이 깨지는 것은 싫었지만 사람들이 바다에 대해, 자연에 대해, 생명에 대해 존경심을 품게 되는 것은 기뻤습니다.

6. 드디어 바닷가에서 살다

책이 많이 팔린 덕분에 레이철은 드디어 글만 쓰고도 살 수 있게 되었어요. 레이철은 오랫동안 일해 온 직장에 사표를 내고, 바닷가에 작은 집을 지었습니다.
"레이철, 밥 먹을 때는 밥만 먹어야지!"
늙은 어머니의 장난스런 야단에도 레이철은 쌍안경을 내려놓지 않았어요. 마침 하늘에는 가을이라 남쪽으로 날아가는 철새들이 길게 줄을 이어 가고 있었거든요. 아침 햇살에 반짝이는 바다도 그 뒤로 파랗게 펼쳐져 있었고요. 레이철은 사랑하는 바다와 자연의 아름다운 모습을 이렇게 곁에서 볼 수 있게 된 현실이 꿈만 같았어요. 레이철은 언제나 쌍안경을 목에 매달고 다녔어요. 모든 것을 보고 연구해서 새로운 책을 쓰고 싶었으니까요. 레이철은 모든 생명은 이어져 있다는 생각을 항상 했어요. 땅 위의 식물이나 동물은 물론 바다의 생물들도 하나의 고리처럼 연결되어 서로 영향을 주고 있다는 사실을 사람들에게 알리고 싶었지요.

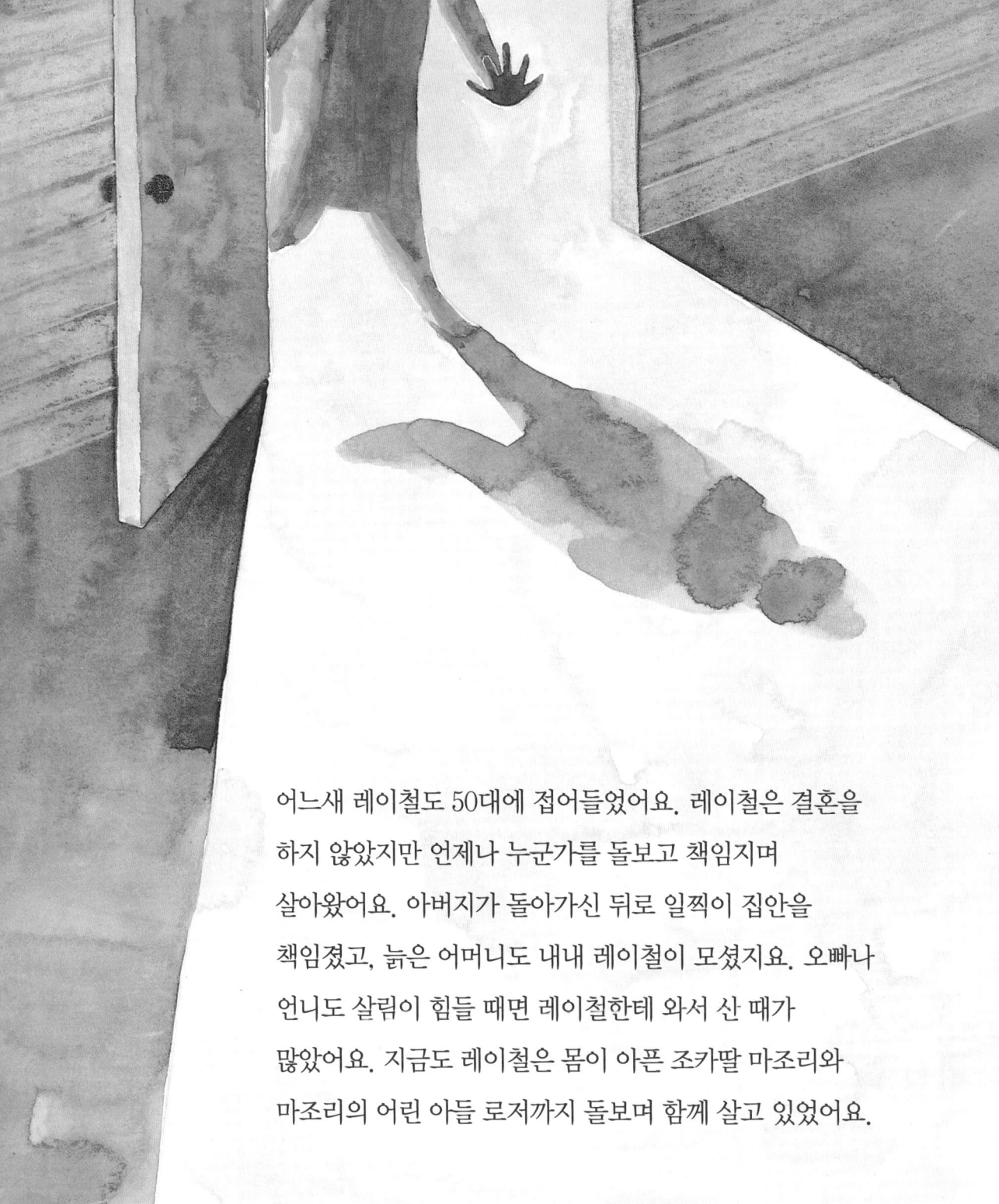

어느새 레이철도 50대에 접어들었어요. 레이철은 결혼을 하지 않았지만 언제나 누군가를 돌보고 책임지며 살아왔어요. 아버지가 돌아가신 뒤로 일찍이 집안을 책임졌고, 늙은 어머니도 내내 레이철이 모셨지요. 오빠나 언니도 살림이 힘들 때면 레이철한테 와서 산 때가 많았어요. 지금도 레이철은 몸이 아픈 조카딸 마조리와 마조리의 어린 아들 로저까지 돌보며 함께 살고 있었어요.

그러던 어느 날 밤이었어요. 바다에 폭풍우가 몰아쳤어요. 창밖으로 바다가 몸부림치는 모습을 바라보던 레이철은 갑자기 이 광경을 아기에게 보여 주고 싶다는 생각에 사로잡혔어요. 레이철은 재빨리 아기를 담요로 둘둘 말아 말도 없이 밖으로 달려 나갔어요.
"레이철, 왜 그러니? 이 폭풍우 속에 어딜 가는 거야? 나가지 마!"
"이모, 왜 로저를 데리고 나가? 감기 걸려. 안 돼!"
깜짝 놀란 어머니와 마조리가 말렸지만 레이철의 모습은 벌써 보이지도 않았지요.

레이철은 캄캄한 밤 바닷가로 아기를 안은 채 달려갔어요.
바닷가에 닿자 레이철은 품에 안은 아기에게
바다를 보여 주며 소리쳤어요.
"저걸 봐, 로저야. 저게 폭풍우가 치는 밤바다란다."
그때 마침 엄청나게 커다란 파도가 큰 소리를
내면서 하늘을 향해 치솟아 올랐다가 하얀 거품을
내며 부서졌어요. 그러는 바람에 물방울이 튀어
둘은 온몸이 흠뻑 젖었지요. 아기가 갑자기
웃음을 터뜨렸어요. 그 모습을 보고
레이철도 큰 소리로 따라 웃었지요.
"깔깔!"
"하하하!"
세상에 태어나서 처음으로
바다가 그렇게 요동치는 것을 본
아기와 평생 동안 바다를 사랑하며 살아온
어른이 한마음으로 웃음을 터뜨린 것이었어요. 사방은 캄캄하고,
바다는 용트림을 하고 있었으니 잔뜩 겁먹을 수도 있었을 텐데
두 사람은 즐겁기만 했어요. 레이철은 아기가 그 무시무시한 폭풍우
속에서 웃음을 터뜨리는 것을 보고 온몸 가득 짜릿함을 느꼈어요.
자신이 느낀 놀라움을 아기에게 전했다는, 아니 둘이 그 순간 똑같은
마음이었다는 사실은 그토록 강렬한 기쁨이었어요.

몇 년 뒤, 로저의 엄마 마조리가 세상을 떠나고 말아요. 그때부터 레이철은 다섯 살짜리 로저에게 엄마가 되어 줘야 했지요. 레이철은 로저를 데리고 날마다 바닷가를 돌아다녔어요. 폭풍우 치던 날 밤의 일을 기억하지는 못하겠지만 그 장엄한 밤바다의 광경이 몸 구석구석에 스며들었는지 로저도 바다를 아주 좋아했어요. 레이철은 로저가 슬픔에 빠지지 않도록 더욱더 아름답고 멋진 자연에 자주 접하도록 애썼어요. 언제나 바쁘고 힘들게 살아온 레이철에게 바닷가에서 어머니와 함께 로저를 키우며 연구하고 글 쓰는 생활은 모처럼 가진 평화로운 시간이었지요.

그러나 얼마 전부터 레이철은 살충제에 대한 걱정으로 마음 한구석이 무거웠습니다.

7. 죽음의 화학 물질 DDT

아침을 먹다 말고 레이철의 어머니가 한숨을 쉬며 말했어요.
"롱아일랜드에 비행기로 DDT를 엄청 뿌렸다지? 온 동네가 밀가루를 뒤집어쓴 것같이 됐다더라. 닭장 속 닭이랑 풀밭에 있던 소, 길 가는 사람들, 마당에서 놀던 아이들까지 그 흰 가루를 몽땅 뒤집어썼대!"
"너무 끔찍해요! 해충 잡는다고 다른 곤충들까지 다 죽이다니요! 거기다 그 곤충을 먹은 새들도 죽고, 약이 뿌려진 물을 마신 가축들까지 죽었어요! 사람들도 온갖 후유증에 시달리고……."
"그러게, 이게 무슨 일이냐? 이러다간 온 세상에 살아남는 생명이라곤 하나도 없겠다."
그때 어린 로저가 물었어요.
"DDT가 뭐야?"
"벌레들을 죽이는 무서운 독약이야."

"DDT가 사람도 죽여?"
로저의 물음에 레이철은 조용히 대답했어요.
"당장 죽지는 않아. 하지만 나중에 백혈병이나 암에 걸리게 만들지. 내가 지난번에 먹이 사슬 얘기 해 주었지? 생각나니?"
"응, 풀은 메뚜기가 먹고, 메뚜기는 개구리가 잡아먹고, 개구리는 뱀이 잡아먹고……."
"그래, 바로 그 먹이 사슬을 통해서 살충제 가루들이 그 자리에 없던 동물들까지 죽이게 되는 거야. 또 그 가루는 물을 타고 아주 먼 곳까지 퍼져 가거든. 그래서 그 물을 먹은 사람들의 몸에도 쌓이게 돼. 자기한테 위험이 오는 건 모르고 귀찮은 벌레들을 없앴다고 좋아하니 참 문제지!"
레이철은 로저의 머리를 가만히 쓰다듬었어요. 로저가 살아갈 세상이 이렇게 변해 가는 게 몹시 가슴 아팠습니다.

곤충들 중에는 사람을 귀찮게 하거나 농작물에 피해를 주는 것들도
있어요. 사람들은 그런 곤충들을 없애기 위해 노력해 왔습니다.
그런데 과학이 발달하자 화학 약품 살충제로 단번에 수많은 곤충들을
쉽게 없애게 된 거예요.
사람들은 단순하게 생각했지요. 더러운 먼지를 청소해 버리듯이 귀찮은
곤충들을 싹 없애 버리면 모든 것이 깨끗하고 편리해진다고 말이에요.
그러나 레이첼이 늘 얘기해 왔듯이 모든 생명은 서로 이어져 있기
때문에 결국 그 독한 물질은 사람 몸에도 들어오게 됩니다.
그런 살충제 중에서도 가장 독성이 강하고, 가장 많이
쓰이는 게 DDT였어요. 살충제 회사들은 해충만
없애면 깨끗한 천국이 올 것처럼 정부를
움직여 온 사방에 DDT를 뿌려 댔어요.

그러던 어느 날, 레이첼의 친구한테서 편지가 왔어요. 새 보호 구역을 만들어 놓고 새를 돌보는 친구였는데, DDT가 하늘에서 쏟아진 뒤에 새들이 다 죽었다는 내용이었지요.

우리를 믿고 우리 곁에서 살던 새 일곱 마리가 끔찍한 모습으로 다 죽어 버렸어.
부리는 벌어져 있고, 발톱은 앞가슴까지 들어 올려져 있었어.
얼마나 고통스럽게 몸부림쳤는지 그 모습만 보고도 알 수 있었지.

레이철은 온몸이 떨렸어요. 이제 걱정만 하고 있을 때가 아니란 걸 깨달았지요. 레이철은 살충제에 대해 자료를 조사하기 시작했어요. 알면 알수록 끔찍한 사례들이 넘쳐 났어요.
'아, 누군가 이런 문제를 세상에 알려 주면 좋을 텐데!'

늙은 어머니와 어린 로저를 돌보며 책을 쓰느라 바쁜 레이철에게 이 일은 달가운 일이 아니었어요. 그러나 아무도 나서려고 하지 않았어요. 어쩔 수 없이 레이철은 자기가 글을 써야겠다는 생각을 하게 되었습니다. 이렇게 DDT의 위험에 대해 알게 된 이상 알리지 않을 수는 없었으니까요. 그것은 불이 난 것을 보고도 옆방의 친구에게 알려 주지 않는 거나 마찬가지라고 레이철은 생각했어요.

'어쩔 수 없구나. 이제는 가만히 있더라도 내 마음이 편치 않을 거야.'
레이철은 마침내 결심을 했습니다.

다시금 레이철의 그 지독할 정도로 정확한 책 쓰는 작업이 시작되었어요. 수많은 자료를 검토하고, 일일이 과학자들에게 의견을 물어보는 작업이 참을 수 없을 만큼 지루하게 이어졌어요. 같은 일일지라도 〈우리를 둘러싼 바다〉를 쓸 때는 마음속에 넘치는 경이로움과 사랑을 세상 사람들에게 알리고자 하는 따뜻한 의욕으로 가득했지만, 이번 일은 자료를 조사해 나갈수록 무섭고 끔찍한 사실 앞에 온몸이 덜덜 떨렸고, 죄 없이 죽어간 생명들에 대해 가슴이 쓰라렸습니다. 이토록 무서운 짓을 아무 생각도 없이 저지르는 인간들에 대해 화가 나고 답답한 마음도 견디기 힘들었고요.

그 외롭고 힘든 일을 하는 동안 레이철의 든든한 기둥이었던 어머니마저 세상을 떠났어요. 그렇지만 슬퍼할 새도 없이 레이철은 로저를 더욱 신경 써서 보살펴야만 했지요. 그러나 모든 것을 집어치우고 싶을 때 다시금 레이철을 책상 앞에 앉게 한 것은 오히려 세상을 떠난 어머니였어요.
"레이철, 이 일은 반드시 막아야 할 일이야. 너만이 그 일을 할 수 있어. 네가 글을 쓴다면 세상 사람들도 귀를 기울일 거야."
어머니의 말이 레이철의 가슴에 늘 울려 퍼졌으니까요.
책을 쓰는 동안에도 계속 살충제의 사용은 늘어났고, 그 피해는 더욱 커졌기 때문에 레이철은 더욱더 열심히 작업을 하였어요. 그런데 글을 쓰는 동안 레이철에게는 마치 자기가 쓰던 글 속의 사례처럼 비극적인 일이 생겼어요. 유방암이 온몸에 퍼지기 시작한 것이었어요. 그래도 레이철은 작업을 계속해 나갔습니다.

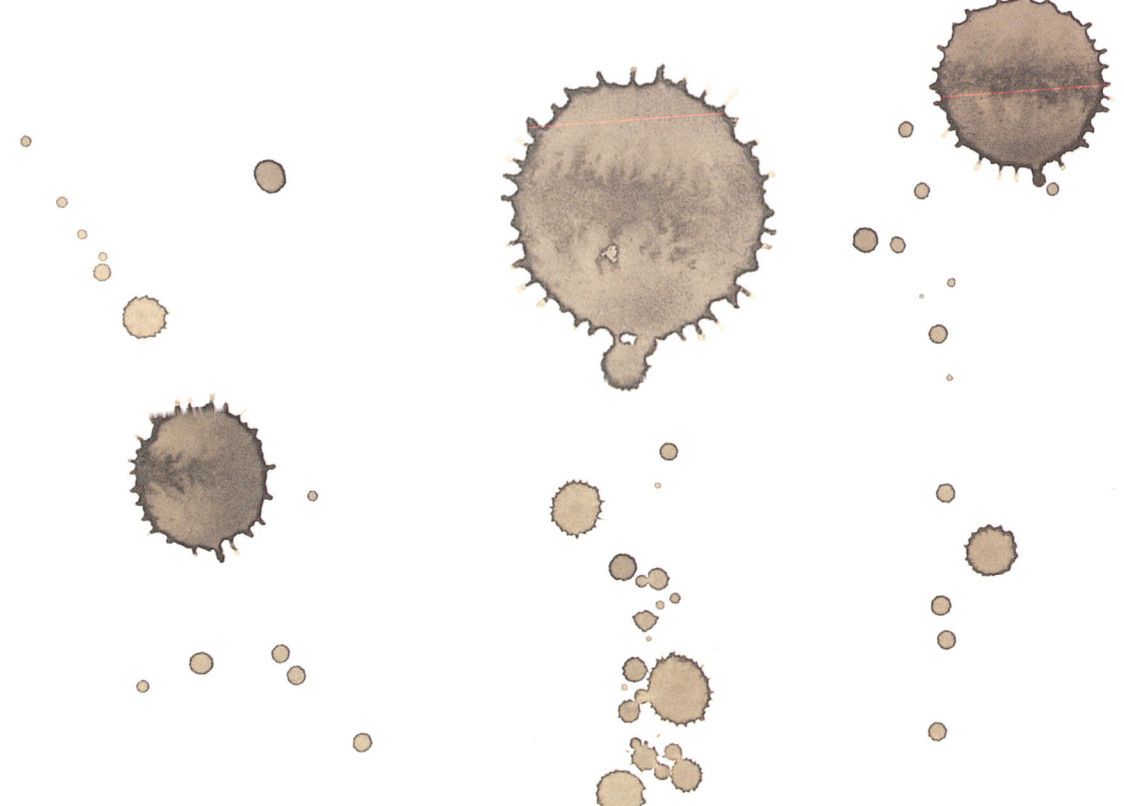

8. 〈침묵의 봄〉

"아, 또 이렇구나."
숲 속에서 새 둥지를 살펴보던 레이첼은 눈앞이 캄캄해졌어요. 많은 둥지에서 차갑게 썩어 가는 알이 발견되었거든요. 살충제의 독성은 새끼를 낳고 번식시키는 일까지 방해했어요. DDT에 오염된 새들은 알을 낳지 못하게 되었고, 어쩌다 알을 낳아도 알 속에는 이미 죽은 새끼들이 들어 있는 경우가 많았어요. 그럴 경우 어미 새가 아무리 품고 있어도 알은 차갑기만 하고, 마침내 썩어서 고약한 냄새를 풍기게 됩니다. 어쩌다 알 속에서 새끼가 나와도 어딘가 이상한 새끼만 태어나 얼마 못 가 죽고 말았어요. 그러다 보니 이 세상에서 완전히 사라져 가는 새들이 생겨나기 시작했어요. 대머리독수리, 송골매, 갈색 펠리컨은 수가 확 줄어서 이미 멸종 위기에 처해 있었습니다.

'이렇게 가다간 정말로 새소리가 들리지 않는 세상이 올지도 몰라! 그래, 그런 미래의 끔찍한 모습을 책에 담는 거야!'
4년의 시간이 걸린 끝에 마침내 〈침묵의 봄〉이 세상에 나왔어요. 그 책은 새 한 마리 울지 않는 죽음의 마을에 대한 이야기로 시작됩니다.

마을은 이상하게 조용했다. 새들은 도대체 어디로 간 것일까?

새들이 모이를 쪼아 먹던 뒷마당은 버림받은 것처럼 쓸쓸했다.

몇 마리 보이는 새도 몸을 심하게 떨며 죽어 가고 있었고, 날지도 못했다.

죽은 듯 고요한 봄이 왔다.

예전에는 아침마다 온갖 새들의 노랫소리가 울려 퍼졌는데

지금은 아무 소리도 들리지 않았다.

이렇게 이 마을이 벌도 날지 않고, 새 울음소리도 들리지 않고, 개울에는 물고기 한 마리 없는 죽음의 마을이 되고 만 것은 몇 주 전 흰 눈처럼 온 마을에 뿌려진 가루 때문이었어요. 그 가루란 물론 살충제를 말하죠. 이 책에서 레이철은 이대로 가면 그런 일이 얼마든지 일어날 수 있다고 사람들에게 경고했어요. 인간이 해충을 죽이겠다고 벌인 일이 어떻게 돌고 돌아 인간을 죽이게 되는지에 대해 레이철다운 꼼꼼하고 정확한 증거로 강하게 말했습니다.

〈침묵의 봄〉은 나오자마자 엄청난 힘을 발휘했어요. 그때까지 무심코 써 오던 살충제가 인간에게 가져올 비극을 보고 사람들은 정신이 번쩍 들었지요. 환경 보호라는 생각조차 없었던 시대에 처음으로 환경 운동이 생겨났어요. 이 책 덕분에 대통령은 환경 문제 위원회를 만들었고, 암 연구소는 DDT가 암을 일으킨다는 증거를 발표했어요. 마침내 DDT의 사용이 금지되었습니다!

그러나 레이철을 공격하는 사람도 많았어요. 특히 살충제 회사들은 큰일 났지요. 그들은 레이철의 말이 거짓이라며 소송을 걸었어요. 그러나 책을 아무리 조사해 보아도 틀린 게 하나도 없었어요. 레이철이 목숨을 걸고 쓴 책인데 당연한 일이었죠. 완전하게 알기 전에는 공부를 멈추지 않는 여학생 레이철과 정확한 자료라는 것을 확인할 때까지 조사를 멈추지 않는 과학자이자 작가 레이철은 완벽하게 같은 사람이니까요. 수많은 사람들이 그 책의 진실을 덮기 위해 발버둥 쳤지만 그 책을 보고 몰랐던 무서운 사실을 알게 된 사람들이 훨씬 많았어요. 그런 사람들은 새로이 환경 보호에 나섰고, 레이철에게 고마워했지요. 강연을 싫어하는 레이철이었지만 이런 끔찍한 사실을 좀 더 알리기 위해 아픈 몸을 이끌고 열심히 강연을 다녔어요.
그러는 동안 레이철의 온몸으로 암세포가 퍼져 나갔습니다.

그 무렵의 어느 날, 레이철은 친구 도로시와 함께 우연히 제왕나비들이 무리 지어 날아가는 모습을 보게 되었어요. 집에 돌아온 뒤에 레이철은 도로시에게 편지를 썼습니다.

그 나비들이 다시 돌아올 수 있을까? 아니, 돌아오지 못하겠지?
대부분의 나비들에게 그 여행은 삶의 마지막 여행이 되었을 거야.
그래도 그 사실이 조금도 슬프지 않아. 어떤 생명이든 태어났다
죽는 거니까. 그건 아주 자연스러운 일이지. 그 생각을 하는데
나는 가슴 깊숙이에서 행복한 느낌이 밀려왔어.

그 편지를 쓰고, 7개월 뒤에 레이첼은 제왕나비들처럼 이 땅을 떠나 돌아오지 않았어요. 쉰여섯의 나이로 이 세상을 뜬 것입니다.

지금도 세상은 수많은 화학 물질에 오염되고, 농약 때문에 새들이 사라지고, 암 환자들은 나날이 늘어가고 있어요. 하지만 아직 새소리가 들리고, 개울엔 물고기가 헤엄치고, 벌들도 열심히 꽃가루를 나르고 있지요. 이것은 레이첼이 목숨을 걸고 자신이 알게 된 진실을 설득력 있는 글로 알린 덕분입니다.

〈침묵의 봄〉 한 권의 책으로 레이첼은 세상을 조금이라도 바꾸어 냈어요. 새가 울지 않는 아침이 오는 날을 멀리 밀어 놓았습니다.

이제 우리는 그런 날이 결코 오지 않도록 해야겠지요?

레이철의 노력으로 DDT 사용이 금지되자 과학자들은 사라져 가는 새들을 살려 보려는 노력을 시작했어요. 많은 노력 끝에 마침내 건강한 새끼 송골매들이 태어났습니다. 그날, 워싱턴의 한 건물 지붕에서 날려 보낸 어린 송골매 세 마리는 오래 전 하늘에서 흔히 보던 그런 새들이 아니었어요. 그 새들은 하마터면 우리가 다시는 보지 못할 뻔한 귀한 새들이었지요.

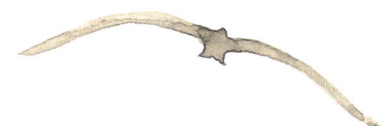

그 새들이 새로 태어나기까지의 이야기가 바로 지금까지의 이야기입니다.
그러니 그 새들을 되살리는 데 가장 공이 컸던 사람은 말할 것도 없이
레이첼이지요. 건강한 새끼 송골매가 태어났을 때 과학자들이 왜
레이첼이라는 이름을 붙였는지 이제는 알겠지요?
무덤 속의 레이첼도 날아가는 송골매를 보며 대단히 기뻐했겠지만
레이첼이란 이름을 가진 그 송골매는 다른 송골매들보다 더욱 큰
자부심을 느끼며 저 먼 하늘로 당당하고 기쁘게 날아갔을 게 분명합니다.

"레이첼, 잘 날아야 해!"

레이첼 카슨

 레이첼 카슨은 1907년 5월 27일 미국 펜실베이니아 주 스프링데일에서 태어났다. 어려서부터 자연을 사랑하고, 책 읽는 걸 좋아했으며, 작가가 되기를 꿈꾸었다. 그래서 펜실베이니아 여자 대학에서 영문학을 공부했는데, 중간에 생물학으로 전공을 바꿨고, 존 스홉킨스 대학교에서 해양 동물학 석사 학위를 받았다.

1936년부터 16년 동안 어류 야생 동물국에서 공무원으로 일했으며, 이곳에서 발행하는 출판물에 대한 편집 책임자 자리까지 올랐다. 자연 자원에 관한 팸플릿을 작성하고, 과학 기사들을 편집하는 일은 흥미로웠지만, 늘 자신의 책을 쓸 시간이 부족해서 잠을 줄여 가며 글을 써야 했다. 1951년 〈우리를 둘러싼 바다〉가 출판되어 미국 도서상을 수상했고, 86주 동안이나 베스트셀러 순위에 올랐다. 시적인 산문과 정확한 과학적 지식이 아름답게 결합된 글은 32개 언어로 번역이 되어 세계 여러 나라에서 출판되었다. 경제적으로 안정이 되자 공무원 일을 그만두고, 메인 주 사우스포트 섬에 집을 지어 그곳에서 집필에 전념하였다.

1962년 DDT와 같은 살충제의 무분별한 사용이 자연과 인간에게 심각한 위협이 된다는 사실을 알린 〈침묵의 봄〉을 발표했고, 강연과 인터뷰, 의회 증언 등을 통해 환경을 보호하기 위한 정책 수립을 촉구했다. 현대 환경 운동의 대모로 불리는 레이철 카슨은 1964년 4월 14일 유방암으로 세상을 떠났다. 레이철 카슨은 타임지가 뽑은 20세기를 변화시킨 100인 가운데 한 사람으로 선정되었다.

지은 책으로는 〈바닷바람 아래서〉, 〈우리를 둘러싼 바다〉, 〈바다의 가장자리〉, 〈침묵의 봄〉 등이 있다.